Impressum
Verlag: BABADADA GmbH, Nedderfeld 112 , 22529 Hamburg
Geschäftsführer / Verlagsleitung: Harald Hof
Druck: Books on Demand GmbH, In de Tarpen 42, 22848 Norderstedt

Imprint
Publisher: BABADADA GmbH, Nedderfeld 112 , 22529 Hamburg, Germany
Managing Director / Publishing direction: Harald Hof
Print: Books on Demand GmbH, In de Tarpen 42, 22848 Norderstedt

ba
classroom

dadadada
divide

186/2

babadada
board

bababa
school yard

dada
teacher

dadadada
paper

dadaba
write

dadaba
pen

ba
desk

baba
ruler

dadaba
book

bababa
pupil

dadaba

satchel

dada

pencil case

bababa

pencil

dadaba

pencil sharpener

baba

rubber

ba

drawing pad

bababa

drawing

ba

paintbrush

dada

paint box

babadada

scissors

dadaba

glue

dadadada

exercise book

babadada

homework

bababa

number

dadaba

add

bababa

subtract

badada

multiply

dadababa

calculate

babababa

letter

babababa

alphabet

dada

word

babadada

text

dadadada

read

dada

chalk

babababa

lesson

ba

register

baba

examination

babababa

certificate

babadada

school uniform

babababa

education

dadababa

encyclopedia

babababa

university

dadababa

microscope

bababa

map

babadada

waste-paper basket

babadada
hotel

dadaba
hostel

dadadada
currency exchange office

dada
suitcase

ado
car

dadadada
language

da / meh
yes / no

Oh
Okay

ba
hello

dada
translator

dada
Thank you

babababa

how much is…?

ah

I don´t get it

dadaba

problem

ba dada

Good evening!

babadada

Good morning!

heia!

Good night!

dadaba

goodbye

badada

direction

dada

luggage

babababa

bag

babababa

backpack

baba

guest

dadadada

room

dadadada

sleeping bag

dada

tent

dadadada

tourist information

badada

beach

babadada

credit card

dadababa

breakfast

baba

lunch

bababa

dinner

dada

Ticket

dada

elevator

babadada

stamp

badada

border

dadaba

customs

babadada

embassy

dadaba

visa

dada da da da

passport

transport

baba
airplane

dada
ship

baba
fire truck

bababa
truck

babababa
bus

dada
motorboat

ado
car

dadadada
bike

babadada

ferry

baba

boat

bababa

motorbike

ado

police car

ado

racing car

auto

rental car

dada

car sharing

ado

tow truck

ado

garbage truck

brumbrum!

engine

bababa

fuel

dada

fuel station

dadaba

traffic sign

badada

traffic

ado ado

traffic jam

babadada

parking lot

babababa

train station

dada

tracks

dadaba

train

baba

tram

dadaba

wagon

baba

helicopter

baba

airport

dadaba

tower

baba

passenger

badada

container

dada

carton

baba

cart

dadadada

basket

da / bada

take off / land

dadaba

city

bababa

village

dadababa

city center

dadaba

house

City scene

baba
movie theater

baba
advert

ba
street light

dadadada
street

ato
taxi

nom! nom!
snack shop

dadaba
pedestrian

babadada
sidewalk

dada hoppa
zebra crossing

bababa
dumpster

bababa
crossing

dadababa
traffic lights

---

babadada

hut

dadadada

apartment

babababa

train station

dadaba

city hall

bababa

museum

baba

school

babababa

university

dadadada

bank

aua!

hospital

babadada

hotel

aua!

pharmacy

baba

office

bababa

book shop

ba

shop

dadaba

flower shop

dada nom nom

supermarket

dadadada

market

dadadada

department store

nom! nom!

fishmonger's shop

baba

mall

ba

harbor

dadadada	baba	bababab
park	bench	bridge
dadadada	bababa	baba
stairs	subway	tunnel
ba	babababa	nom nom!
bus stop	bar	restaurant
dadaba	dada	baba
postbox	street sign	parking meter
bababa	dada	baba
zoo	swimming pool	mosque

dadaba

farm

dadababa

pollution

bababa

cemetery

ba

church

dadababa

playground

bababa

temple

dada

landscape

baba leaf

baba signpost

dada path

bababa meadow

baba stone

dadababa tree

dada hiker

bababa river

dada grass

mama! flower

badada

valley

bababa

hill

dadadada

lake

dadadada

forest

dadababa

desert

dadaba

volcano

babababa

castle

dadaba

rainbow

bababa

mushroom

dadababa

palm tree

aua!

mosquito

badada

fly

dadababa

ant

summ summ

bee

dada

spider

dadaba

beetle

quak

frog

dadababa

squirrel

dadaba

hedgehog

baba

hare

gackgack

owl

gackgack

bird

gackgack

swan

babadada

boar

dadadada

deer

dadadada

moose

dadadada

dam

ba

wind turbine

dadadada

solar panel

bababa

climate

dadadada
waiter

baba
menu

dadaba
chair

nom nom!
pizza

nom! nom!
soup

babababa
tablecloth

ba
cutlery

nom! nom!
....
starter

nom! nom!
....
main course

nom nom!
....
dessert

dadababa
....
drinks

nom nom!
....
food

nom nom!
....
bottle

nom! nom!

fast food

nom! nom!

street food

babababa

teapot

nom! nom!

sugar bowl

nom nom!

portion

dadaba

espresso machine

bababa

high chair

ba

bill

bababa

tray

ba

knife

babadada

fork

dadaba

spoon

bababa

teaspoon

dadaba

serviette

ba

glass

nom nom!

plate

bababa

soup plate

bababa

saucer

nom! nom!

sauce

dadadada

salt shaker

dadaba

pepper mill

bähbäh

vinegar

dadababa

oil

dadababa

spices

nom! nom!

ketchup

nom! nom!

mustard

nom nom!

mayonnaise

dadababa
special offer

FOR

dadaba
customer

dadaba
dairy products

nom nom!
fruit

baba
shopping cart

dadaba

butcher's shop

nom! nom!

bakery

bababa

weigh

bähbäh

vegetables

nom nom!

meat

nomnom

frozen food

nom nom!

cold cuts

nomnom

canned food

bababa

detergent

baba

candy

dadaba

household products

dadababa

cleaning products

bababa

sales representative

bababa

cash register

dadaba

cashier

dada

shopping list

dadababa

opening hours

baba

wallet

babadada

credit card

dadababa

bag

dadababa

plastic bag

drinks

wasa

water

dadadada

juice

badada

milk

ba

coke

bababa

wine

dadadada

beer

dadaba

alcohol

bababa

cocoa

dadababa

tea

dada

coffee

dadaba

espresso

dadababa

cappuccino

nane

banana

nom nom!

apple

bababa

orange

nom nom!

melon

nom nom!

lemon

bähbäh

carrot

bada meh

garlic

dadaba

bamboo

dadaba

onion

nom nom!

mushroom

nom nom!

nuts

nom nom!

noodles

nom nom!

spaghetti

nom nom!

rice

nom nom!

salad

nom nom!

fries

nom nom!

fried potatoes

nom nom!

pizza

nom nom!

hamburger

nom nom!

sandwich

nom nom!

escalope

nom nom!

ham

nom nom!

salami

nom nom!

sausage

gack gack

chicken

nom nom!

roast

nom nom!

fish

nom nom!

porridge oats

bähbäh

muesli

nom nom!

cornflakes

nom nom!

flour

nom nom!

croissant

babadada

bread roll

nom! nom!

bread

nom nom!

toast

nom nom!

cookies

nom nom!

butter

nom nom!

curd

nom nom

cake

dadaba

egg

nom nom!

fried egg

bada muh

cheese

nom nom!

ice cream

nom nom!

sugar

baba summ

honey

nom nom!

jelly

nom nom!

nougat cream

babadada

curry

ba
farm house

dada
straw bale

dadaba
barn

bababa
field

hoppa
horse

dada
trailer

dadaba
foal

bababa
tractor

iaa
donkey

mää
sheep

bebi mää
lamb

baba

goat

muh

cow

mimuh

calf

mama oink

pig

oink

piglet

dadadada

bull

gackgack

goose

gackquack

duck

gacki

chick

gackgack

hen

gacko

cockerel

dada

rat

mau

cat

bababa

mouse

muh

ox

wauwau

dog

wauwau

dog house

baba

garden hose

dadababa

watering can

baba

scythe

dadababa

plow

baba

sickle

dadadada

hoe

dada

pitchfork

bababa

axe

babababa

pushcart

baba

trough

dada muh

milk can

dadababa

sack

badada

fence

dadadada

stable

ba

greenhouse

babadada

soil

baba

seed

baba

fertilizer

dadababa

combine harvester

bababa

harvest

dadadada

harvest

dadaba

yams

dadababa

wheat

dadababa

soya

bababa

potato

badada

corn

bababa

rapeseed

bababa

fruit tree

dadadada

manioc

dadababa

grain

ba
chimney

babadada
roof

dadaba
downspout

baba
window

dada
garage

dingdong
doorbell

bababa
door

babadada
trash can

ba
mailbox

badada
garden

dadadada

living room

bababa

bathroom

bababa

kitchen

dadababa

bedroom

meina

kids room

dadaba

dining room

badada

floor

dadababa

wall

bababa

ceiling

dada

cellar

dadababa

sauna

babababa

balcony

dadadada

terrace

bababa

pool

baba

lawn mower

dadaba

sheet

babadada

bedspread

heia!

bed

dada

broom

dadaba

bucket

dadababa

switch

dadadada
wallpaper

badada
picture

badada
lamp

dadadada
shelf

ba
cabinet

dadababa
fireplace

dada gucki
television

mama!
flower

baba
cushion

dadaba
vase

dada
sofa

baba
remote control

dada
carpet

bababa
drape

ba
table

dadaba
chair

dadadada
rocking chair

bababa
armchair

dadaba

book

dadadada

blanket

dadaba

decoration

ba

firewood

dadadada

film

lala

stereo system

babadada

key

dadadada

newspaper

dadadada

painting

bababa

poster

lala

radio

dadababa

notebook

babadada

vacuum cleaner

aua!

cactus

babadada

candle

bababa
fridge

ba
microwave oven

ba
kitchen scales

badada
toaster

dadadada
laundry detergent

baba
freezer

baba
stove

babadada
trash can

bababa
dishwasher

dada

cooker

dada

pot

dada

cast-iron pot

baba / dada

wok / kadai

badada

pan

ba

kettle

dadababa

steamer

bababa

baking tray

dadaba

crockery

dadadada

mug

dadaba

bowl

baba

chopsticks

dadaba

ladle

dadadada

spatula

badada

whisk

dada

strainer

bababa

sieve

baba

grater

dadababa

mortar

dada

barbecue

aua!

fireplace

dadababa

chopping board

babababa

rolling pin

dadababa

corkscrew

dadadada

can

bababa

can opener

dadababa

oven cloth

dadadada

sink

dadababa

brush

ba

sponge

aua!

blender

babadada

deep freezer

bababa

baby bottle

dadadada

tap

bathroom

babababa
shower

babadada
heating

ba
towel

babababa
shower curtain

wasa
bubble bath

baba
bathtub

ba
glass

baba
washing machine

dadadada
tap

badada
tiles

kaka
potty

dadadada
sink

kaka	ba	dadababa
toilet	squat toilet	bidet
dadababa	kaka	bababa
urinal	toilet paper	toilet brush

bababa

toothbrush

nom! nom!

toothpaste

dadadada

dental floss

bababa

wash

babababa

hand shower

dadadada

douche

badada

basin

dadadada

back brush

nom! nom!

soap

nom! nom!

shower gel

nom! nom!

shampoo

babadada

flannel

dadaba

drain

nom! nom!

creme

babababa

deodorant

dadadada

mirror

dadadada

hand mirror

ba

razor

nom! nom!

shaving foam

nam! nam!

aftershave

dadababa

comb

baba

brush

dadadada

hair-dryer

badada

hairspray

dadaba

makeup

mama!

lipstick

ba

nail varnish

bababa

cotton wool

dadadada

nail scissors

bababa

perfume

dadadada
washbag

bababa
stool

dadadada
weighing scales

ba
bathrobe

bababababa
rubber gloves

ba
tampon

bababa
sanitary towel

baba
chemical toilet

bababa
alarm clock

bababa
cuddly toy

auto
toy car

dadadada
rattle

bababa
doll's house

babababa
present

dadadada

balloon

heia!

bed

dadaba

stroller

dadababa

deck of cards

bababa

jigsaw

dadababa

comic

badada

lego bricks

badada

toy blocks

dada

action figure

dadadada

romper suit

dadaba

frisbee

dadaba

mobile

ba

board game

baba

dice

dadababa

model train set

lula

pacifier

baba

party

dadaba

picture book

dada

ball

dada

doll

badada

play

dadaba

sandpit

babababa

swing

dadababa

toys

dadaba

video game console

babadada

tricycle

dadababa

teddy bear

dadaba

wardrobe

baba

clothing

dadadada

socks

ba

stockings

dada

tights

bababa
scarf

dadababa
belt

bababa
umbrella

badada
t-shirt

baba
boots

ba
sneakers

baba
slippers

bababa
sandals

badada
shoes

dada
rubber boots

ba
underwear

baba
bra

dadadada
undershirt

baba - clothing

badada

body

ba

pants

bababa

jeans

dada

skirt

bababa

blouse

dadadada

shirt

baba

pullover

baba

sweater

babadada

blazer

baba

jacket

bababa

coat

dadababa

raincoat

bababa

costume

ba

dress

dadaba

wedding dress

dadadada
suit

babababa
nightgown

heia
pajamas

baba
sari

dadadada
headscarf

dada
turban

dada
burka

baba
kaftan

dadadada
abaya

wasa
swimsuit

bababa
trunks

dadababa
shorts

babababa
tracksuit

baba
apron

babababa
gloves

dadaba

button

babadada

glasses

dada

bracelet

dadababa

necklace

bababa

ring

dadababa

earring

dada

cap

babadada

coat hanger

dadababa

hat

bababa

tie

badada

zip

dadaba

helmet

dada

braces

babadada

school uniform

babababa

uniform

namnam
bib

lula
pacifier

kaka!
diaper

dadaba
server

dadababa
filing cabinet

badada
printer

dadadada
paper

dadadada
monitor

ba
desk

baba
mouse

dadaba
folder

dada
keyboard

babadada
waste-paper basket

bababa
chair

dada
computer

dada
coffee mug

bababa
calculator

da da
internet

papa!

laptop

dadababa

letter

ba

message

fon

cell phone

bababa

network

ba

photocopier

bababa

software

dada bing

telephone

aua!

plug socket

bababa

fax machine

dadaba

form

bababa

document

baba

buy

dadadada

pay

dadaba

trade

badada

money

babadada

dollar

dadaba

euro

bababa

yen

ba

rouble

dada

Swiss franc

dada

renminbi yuan

ba

rupee

ba

cash point

dadadada

currency exchange office

dadadada

gold

baba

silver

dadadada

oil

ba

energy

dadadada

price

baba

contract

bababa

tax

dadadada

stock

dadaba

work

dadadada

employee

dadababa

employer

dadaba

factory

ba

shop

badada - economy

baba
police officer

dada
fireman

babababa
cook

aua!
doctor

bababa
pilot

bababa

gardener

bababa

carpenter

baba

seamstress

bababa

judge

dadaba

chemist

dadababa

actor

ba
....
bus driver

auto mann
....
taxi driver

bababa
....
fisherman

dadadada
....
cleaning lady

dadadada
....
roofer

dadadada
....
waiter

badada
....
hunter

dadadada
....
painter

dadababa
....
baker

papa!
....
electrician

babababa
....
builder

bababa
....
engineer

dadababa
....
butcher

dadadada
....
plumber

bababa
....
postman

dadadada

soldier

ba

architect

dadaba

cashier

bababa

florist

babadada

hairdresser

bababa

conductor

dadaba

mechanic

dada

captain

badada

dentist

ba

scientist

bababa

rabbi

dadaba

imam

dada

monk

dadadada

pastor

baba
hammer

baba
pliers

bababababa
screwdriver

dadababa
wrench

dadaba
torch

dadaba
excavator

baba
toolbox

bababababa
ladder

dadaba
saw

babadada
nails

dada
drill

dadababa

repair

dada

shovel

aua!

Damn!

dada

dustpan

dadaba

paint can

babababa

screws

bababa
musical instruments

bungas
drum set

boom boom
loud speaker

ba
guitar

dadababa
double bass

bombede
trumpet

bingbing

piano

bababa

violin

ba

bass

badada

timpani

bunga bunga

drums

badada

keyboard

dadababa

saxophone

dadababa

flute

dadadada

microphone

baba
entrance

dada mau
tiger

bababa
cage

dadababa
zebra

babadada
animal feed

dada
panda

dadadada

animals

bababa

elephant

dadaba

kangaroo

babadada

rhino

dada

gorilla

babababa

bear

dadaba

camel

gackgack

ostrich

babadada

lion

dadaba

monkey

gackgack

flamingo

bababa

parrot

bababa

polar bear

dada

penguin

bababa

shark

dadaba

peacock

badada

snake

babababa

crocodile

dadadada

zookeeper

dada

seal

bababa

jaguar

ei!

pony

dadadada

leopard

dada

hippo

babababa

giraffe

bababa

eagle

babadada

boar

nom nom!

fish

dadadada

turtle

anje

walrus

dadadada

fox

bababa

gazelle

dadababa
American football

dadaba
cycling

bum bum
tennis

ball
basketball

badada
swimming

aua!
boxing

baba
ice hockey

dadadada
········
soccer

badada
········
badminton

dadababa
········
athletics

ball
········
handball

dadadada
········
skiing

baba
········
polo

baba
laugh

dada
jump

bababa
hug

dadababa
sing

dada
walk

dadadada
pray

mama!
kiss

dadababa
dream

dadaba

write

dada

draw

dadababa

show

dada

push

badada

give

dadaba

take

dadaba

have

dadadada

do

babadada

be

dadadada

stand

baba

run

dadababa

pull

dadadada

throw

dadaba

fall

badada

lie

dadaba

wait

bababa

carry

ba

sit

dadababa

get dressed

heia!

sleep

bababa

wake up

babababa

look at

baaaaaa

cry

dadadada

stroke

bababa

comb

bababa

talk

baba

understand

badada

ask

dadababa

listen

bababa

drink

nomnom!

eat

badada

tidy up

ba

love

badada

cook

dadababa

drive

dadadada

fly

dadababa

sail

dadababa

calculate

dadadada

read

dadababa

learn

dadaba

work

baba

marry

dada

sew

aua!

brush teeth

aua!

kill

dadababa

smoke

bababa

send

oma!
grandmother

opa!
grandfather

papa!
father

mama!
mother

bebi
baby

ba
daughter

badada
son

baba

guest

ba

aunt

bababa

uncle

nein!

brother

nein!

sister

babababa forehead

dada eye

babababa shoulder

dada finger

dada face

dadababa chin

baba hand

da breast

dadaba leg

babababa arm

bebi
baby

papa!
man

mama
woman

baba
girl

babadada
boy

babababa
head

baba

back

dadababa

belly

dada

navel

dadababa

toe

ba

heel

badada

bone

bababa

hip

dada

knee

dadadada

elbow

bababa

nose

popo

buttocks

dadaba

skin

badada

cheek

dada

ear

bababababa

lip

dadababa - body

dadababa

mouth

dadadada

tooth

baba

tongue

dadadada

brain

baba

heart

dada

muscle

dada

lung

dada

liver

dadababa

stomach

dadaba

kidneys

babadada

sex

dada

condom

badada

ovum

dadababa

semen

dadababa

pregnancy

dadababa - body

ba

menstruation

mumu

vagina

pipi

penis

dada

eyebrow

dadababa

hair

bababa

neck

aua!
hospital

ba
ambulance

aua!
wheelchair

aua!
fracture

aua!

doctor

aua!

emergency room

aua!

nurse

aua!

emergency

aua!

unconscious

dadababa

pain

aua!

injury

dadadada

bleeding

aua!

heart attack

aua!

stroke

dadababa

allergy

aua!

cough

aua!

fever

aua!

flu

aua!

diarrhea

aua!

headache

aua!

cancer

aua!

diabetes

aua!

surgeon

aua!

scalpel

aua!

operation

aua!

CT

aua!

x-ray

aua!

ultrasound

aua!

face mask

aua!

disease

aua!

waiting room

aua!

crutch

aua!

plaster

dadababa

bandage

aua!

injection

aua!

stethoscope

aua!

stretcher

aua!

clinical thermometer

aua! bebi!

birth

aua!

overweight

aua!

hearing aid

aua!

disinfectant

aua!

infection

aua!

virus

aua!

HIV / AIDS

aua!

medicine

aua!

vaccination

aua!

tablets

dadaba

pill

aua!

emergency call

aua!

blood pressure monitor

da / ba

ill / healthy

aua!

Help!

aua!

alarm

aua!

assault

aua!

attack

aua!

danger

dadadada

emergency exit

dadaba

Fire!

dadaba

fire extinguisher

aua! aua!

accident

aua!

first-aid kit

baba

SOS

dadadada

police

badada

Europe

dadaba

North America

dadababa

South America

dadaba

Africa

dadaba

Asia

babababa

Australia

badada

Atlantic

dadaba

Pacific

baba

Indian Ocean

bababa

Antarctic Ocean

dadababa

Arctic Ocean

bababa

North pole

dadababa

South pole

dadaba

Antarctica

dada

earth

dadaba

land

badada

sea

dadadada

island

dadadada

nation

dadababa

state

baba

clock face

babadada

hour hand

baba

minute hand

bababa

second hand

dadababa

What time is it?

babadada

day

dada

time

baba

now

dadababa

digital watch

dadababa

minute

bababa

hour

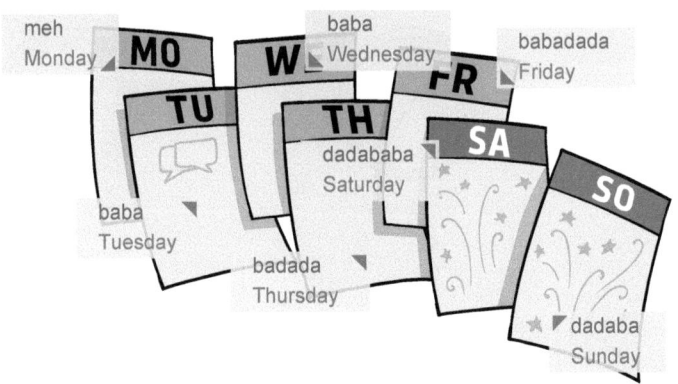

meh
Monday

baba
Wednesday

babadada
Friday

dadababa
Saturday

baba
Tuesday

badada
Thursday

dadaba
Sunday

dadadada

yesterday

dadababa

today

dadaba

tomorrow

baba

morning

baba

noon

dadadada

evening

dada

workdays

baba

weekend

dadababa
rain

dadaba
rainbow

kalt
snow

dadadada
wind

dadadada
spring

bababa
fall

badada
summer

kalt
winter

dadababa

weather forecast

bababa

thermometer

ba

sunshine

baba

cloud

dadadada

fog

dada

humidity

dadababa

lightning

dada

thunder

badada

storm

dadababa

hail

bababa

monsoon

dadaba

flood

dadadada

ice

dadaba

January

dadaba

February

bababa

March

dadadada

April

dadadada

May

babababa

June

baba

July

bababa

August

dadadada
....
September

badada
....
October

dadababa
....
November

baba
....
December

dadababa
shapes

baba
....
circle

badada
....
square

dadababa
....
rectangle

babababa
....
triangle

dadadada
....
sphere

babababa
....
cube

dadababa

white

babababa

yellow

baba

orange

dadadada

pink

babadada

red

dadababa

purple

dadadada

blue

ba

green

baba

brown

bababa

gray

badada

black

da / ba

a lot / a little

da / ba

angry / calm

da / ba

beautiful / ugly

da / ba

beginning / end

da / ba

big / small

da / ba

bright / dark

da / ba

brother / sister

da / ba

clean / dirty

da / bada

complete / incomplete

da / ba

day / night

da / ba

dead / alive

da / ba

wide / narrow

da / ba

edible / inedible

da / ba

evil / kind

ba / ba

excited / bored

da / ba

fat / thin

ba / ba

first / last

da / bada

friend / enemy

da / ba

full / empty

da / ba

hard / soft

da / ba

heavy / light

da / bada

hunger / thirst

da / ba

ill / healthy

da / ba

illegal / legal

da / ba

intelligent / stupid

ba / ba

left / right

da / ba

near / far

da / bada

new / used

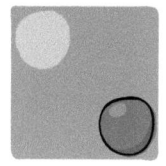

da / ba

nothing / something

ba / ba

old / young

da / ba

on / off

da / ba

open / closed

da / ba

quiet / loud

ba / ba

rich / poor

da / ba

right / wrong

da / ba

rough / smooth

ba / ba

sad / happy

da / ba

short / long

da / ba

slow / fast

da / bada

wet / dry

da / bada

warm / cool

da / ba

war / peace

0

dada

zero

1

a

one

2

ba

two

3

da ba da

three

4

badabada

four

5

dadababa

five

6

dadaba

six

7

badada

seven

8

dadababa

eight

9

dadaba

nine

10

dadadada

ten

11

badada

eleven

12
baba
twelve

13
bababa
thirteen

14
baba
fourteen

15
babadada
fifteen

16
dadababa
sixteen

17
babababa
seventeen

18
dadababa
eighteen

19
bababa
nineteen

20
dadababa
twenty

100
baba
hundred

1.000
baba
thousand

1.000.000
dadababa
million

languages

baba

English

babadada

American English

dadababa

Chinese Mandarin

ba

Hindi

badada

Spanish

ohlala

French

babadada

Arabic

dadaba

Russian

dada

Portuguese

dadadada

Bengali

badada

German

dadadada

Japanese

a
....
I

dadadada
....
you

da / da / da
....
he / she / it

o ba ma
....
we

babababa
....
you

baba
....
they

dadadada
....
who?

dadadada
....
what?

baba
....
how?

babababa
....
where?

babadada
....
when?

dadaba
....
name

baba

behind

dadaba

in

baba

in front of

ba

over

baba

on

dadababa

under

bababab

beside

ba

between

dada

place